Die Erfindung des Jenseits

transzendent, unwirklich und ewig

Eine Betrachtung

von

Lutz Spilker

DIE ERFINDUNG DES JENSEITS – TRANSZENDENT, UNWIRKLICH UND EWIG

Bibliografische Information der Deutschen Nationalbibliothek:
Die Deutsche Nationalbibliothek verzeichnet diese Publikation in der Deutschen Nationalbibliografie; detaillierte bibliografische Daten sind im Internet über http://dnb.dnb.de abrufbar.

Softcover ISBN: 978-3-384-21999-2
Ebook ISBN: 978-3-384-22000-4

© 2023 by Lutz Spilker
Druck und Distribution im Auftrag des Autors:
tredition GmbH, An der Strusbek 10, 22926 Ahrensburg, Germany

Die im Buch verwendeten Grafiken entsprechen den
Nutzungsbestimmungen der Creative-Commons-Lizenzen (CC).

Inhalt

**Alle, die in Schönheit gehn,
werden in Schönheit auferstehn.**

Rainer Maria Rilkes

eigentlich René Karl Wilhelm Johann Josef Maria Rilke (* 4. Dezember 1875 in Prag, Österreich-Ungarn; † 29. Dezember 1926 im Sanatorium Valmont bei Montreux, Schweiz) war ein österreichischer Lyriker deutscher und französischer Sprache.

Vorwort

Liebe Leserinnen und Leser,

es ist eine faszinierende Reise, die wir gemeinsam antreten werden. In diesem Buch, mit dem Titel ›Die Erfindung des Jenseits‹, werden wir uns in die tiefgründige Welt der menschlichen Vorstellungen vom Leben nach dem Tod vertiefen. Es ist eine Reise durch die Jahrhunderte, über Kontinente hinweg, in die Tiefen der menschlichen Psyche und Vorstellungskraft.

Das Konzept des Jenseits ist so alt wie die Menschheit selbst. Seit Anbeginn der Zeit haben sich die Menschen gefragt, was nach dem Tod geschieht. Diese Frage hat Kulturen geprägt, Religionen inspiriert und Philosophen zum Nachdenken angeregt. Doch das Jenseits ist nicht nur ein religiöses oder philosophisches Konzept. Es ist ein integraler Bestandteil der menschlichen Existenz, eine Quelle der Hoffnung, des Trostes und der Faszination.

In diesem Buch werden wir die Vielfalt der Vorstellungen vom Jenseits erkunden. Von den antiken Zivilisationen bis zur modernen Zeit, von den Lehren der Religionen bis zu den Ideen der Philosophen, werden wir verschiedene Perspektiven betrachten und die reiche Geschichte dieses faszinierenden Konzepts entdecken.

Doch dieses Buch ist mehr als nur eine historische Abhandlung. Es ist eine Einladung zum Nachdenken, zum Reflektieren und zum Träumen. Es fordert uns heraus, über die Grenzen des Diesseits hinauszublicken und uns vorzustellen, was jenseits unserer physischen Existenz liegen könnte. Es ermutigt uns, unsere eigenen Vorstellungen vom Jenseits zu hinterfragen und zu erkunden, was es für uns persönlich bedeutet.

Es ist mein aufrichtiger Wunsch, dass dieses Buch Ihnen neue Einsichten und Erkenntnisse bringt, dass es Ihre Neugier weckt und Ihre Gedanken anregt. Möge es Sie auf eine Reise der Entdeckung führen, auf der Sie die faszinierende Welt des Jenseits in all ihren Facetten kennenlernen.

Mit den besten Wünschen für Ihre Reise,
Lutz Spilker

Die Anfänge des Jenseits:
Frühgeschichtliche Vorstellungen vom Leben nach dem Tod

In den frühesten Zeiten der Menschheitsgeschichte, als die Menschen begannen, sich über ihre Existenz und ihre Beziehung zum Universum Gedanken zu machen, entstanden auch die ersten Vorstellungen vom Leben nach dem Tod. Diese Vorstellungen waren stark geprägt von den Erfahrungen und Beobachtungen der Menschen in ihrer natürlichen Umgebung und den Herausforderungen, mit denen sie konfrontiert waren.

Der Einfluss der Natur

Für die frühen Menschen waren die Natur und ihre Zyklen von Leben und Tod von zentraler Bedeutung. Sie beobachteten, wie Pflanzen im Frühling blühten und im Herbst starben, wie Tiere geboren wurden und starben, und zogen daraus Schlüsse über das Schicksal der menschlichen Seele. Die Idee, dass der Tod nicht das endgültige Ende sein könnte, sondern nur eine Transformation zu einem anderen Zustand, nahm langsam Gestalt an.

Bestattungsrituale und Totenkulte

Die Bestattung der Toten war ein wichtiger Aspekt des Lebens der frühen Menschen und spiegelte ihre Vorstellungen vom Jenseits wider. In vielen prähistorischen Kulturen wurden die Toten mit Grabbeigaben und Opfergaben ausgestattet, um sie auf ihrer Reise ins Jenseits zu unterstützen oder um ihre Gunst zu erlangen. Diese Bestattungsrituale waren Ausdruck des Glaubens an ein Leben nach dem Tod und an die Kontinuität der menschlichen Existenz über den physischen Tod hinaus.

Die Vorstellung von einer Schattenwelt

Eine häufige Vorstellung in den frühgeschichtlichen Kulturen war die Existenz einer Schattenwelt oder einer Unterwelt, in die die Seelen der Verstorbenen eingingen. Diese Schattenwelt wurde oft als düsterer Ort voller Geister und Dämonen vorgestellt, in dem die Seelen der Toten ihr weiteres Dasein fristeten. Gleichzeitig gab es jedoch auch Vorstellungen von einem paradiesischen Jenseits, in dem die Seelen der Guten belohnt wurden.

Der Glaube an Ahnen und Geister

Ein weiterer wichtiger Aspekt der frühgeschichtlichen Vorstellungen vom Jenseits war der Glaube an Ahnen und Geister. Die frühen Menschen verehrten ihre Vorfahren und glaubten, dass ihre Seelen weiterlebten und Einfluss auf das Leben der Lebenden hatten. Durch Rituale und Opfergaben versuchten sie, die Gunst der Ahnen zu gewinnen und sie um Schutz und Unterstützung zu bitten.

Die Rolle von Mythen und Legenden

Mythen und Legenden spielten eine entscheidende Rolle bei der Gestaltung der frühgeschichtlichen Vorstellungen vom Jenseits. Durch mündliche Überlieferungen und mythologische Erzählungen wurden komplexe Vorstellungen von der Unterwelt, dem Himmel und anderen jenseitigen Reichen entwickelt. Diese Geschichten dienten nicht nur der Unterhaltung, sondern auch der Vermittlung von moralischen und spirituellen Lehren über das Leben und den Tod.

Insgesamt waren die frühgeschichtlichen Vorstellungen vom Leben nach dem Tod geprägt von einer tiefen Verbundenheit mit der Natur, von Bestattungsritualen und Totenkulten, von der Vorstellung einer Schattenwelt oder Unterwelt, vom Glauben an Ahnen und Geister sowie von Mythen und Legenden. Diese frühen Konzepte legten den Grundstein für spätere Vorstellungen und Entwicklungen in den unterschiedlichsten Kulturen und Gesellschaften rund um den Globus.

Die Ägypter und das Jenseits: Die Bedeutung des Totenkults im Alten Ägypten

Im Alten Ägypten spielte der Totenkult eine zentrale Rolle im religiösen Leben und den Glaubensvorstellungen der Menschen. Der Tod wurde nicht als das endgültige Ende angesehen, sondern vielmehr als Übergang zu einem neuen Dasein im Jenseits. Die Ägypter glaubten fest daran, dass das Leben nach dem Tod eine Fortsetzung des irdischen Lebens darstellte und dass es wichtig war, den Verstorbenen auf ihrem Weg ins Jenseits zu unterstützen und zu ehren.

Der Glaube an ein Leben nach dem Tod

Für die alten Ägypter war der Tod lediglich eine Passage zu einem neuen Leben im Jenseits. Sie glaubten an die Unsterblichkeit der Seele und daran, dass der Verstorbene weiterhin existierte und in einer anderen Welt weiterlebte. Diese Vorstellung prägte ihr gesamtes Leben und ihre religiöse Praxis und führte zur Entwicklung komplexer Rituale und Bestattungspraktiken.

Die Bedeutung der Mumifizierung

Die Mumifizierung war ein zentraler Bestandteil des Totenkults im Alten Ägypten. Die Ägypter glaubten, dass der Körper des Verstorbenen für das Leben im Jenseits benötigt wurde und dass er durch die Mumifizierung für die Ewigkeit konserviert werden musste. Die aufwändigen Mumifizierungsrituale waren ein Zeichen der Wertschätzung und des Respekts für den Verstorbenen und dienten dazu, seine Seele zu schützen und sicherzustellen, dass sie den Weg ins Jenseits erfolgreich antreten konnte.

Die Bedeutung der Grabbeigaben

Neben der Mumifizierung spielten auch die Grabbeigaben eine wichtige Rolle im Totenkult der Ägypter. Die Verstorbenen wurden mit zahlreichen Gaben und Opfergaben begraben, die sie auf ihrer Reise ins Jenseits begleiten sollten. Diese Gaben umfassten Nahrungsmittel, Kleidung, Schmuck, Werkzeuge und andere persönliche Gegenstände, die den Verstorbenen im Jenseits nützlich sein sollten. Die Grabbeigaben waren Ausdruck des Glaubens an ein Leben nach dem Tod und an die Kontinuität der menschlichen Existenz über den physischen Tod hinaus.

Der Bau von Grabstätten und Tempeln

Der Bau von Grabstätten und Tempeln war ein weiterer wichtiger Aspekt des Totenkults im Alten Ägypten. Die Ägypter errichteten monumentale Pyramiden, Tempel und Gräber für ihre Herrscher und Angehörigen, um ihre Erinnerung zu bewahren und ihre Seele zu ehren. Diese Bauwerke waren nicht nur beeindruckende Monumente der Ägyptischen Kunst und Architektur, sondern auch heilige Stätten, an denen Rituale und Opfergaben dargebracht wurden, um die Gunst der Götter und der Verstorbenen zu erlangen.

Die Vorstellung vom Jenseits als Paradies

Für die alten Ägypter war das Jenseits kein düsterer Ort, sondern vielmehr ein paradiesisches Reich, das sie als das ›Reich der Toten‹ oder das ›Feld der Reisenden‹ bezeichneten. In diesem Reich gab es keine Krankheit, kein Leid und keinen Tod, sondern nur ewige Freude und Glückseligkeit. Die Verstorbenen wurden als Osiris, den Gott der Unterwelt, verehrt und sollten an seiner Seite ein ewiges Leben in Frieden und Harmonie führen.

Insgesamt war der Totenkult im Alten Ägypten von zentraler Bedeutung für das religiöse Leben und die Vorstellungen vom Jenseits. Die Ägypter glaubten fest daran, dass der Tod nicht das endgültige Ende war, sondern vielmehr der Beginn eines neuen Lebens im Jenseits. Ihre komplexen Rituale und Bestattungspraktiken zeugen von ihrem tiefen Glauben an die Unsterblichkeit der Seele und an die Kontinuität der menschlichen Existenz über den Tod hinaus.

Die griechische Mythologie und das Jenseits: Hades, Elysium und die Unterwelt

Die griechische Mythologie ist reich an Geschichten über das Jenseits und die Unterwelt, die von den Göttern und Helden der Antike bevölkert wird. Hades, der Gott der Unterwelt, spielt eine zentrale Rolle in diesen Vorstellungen und ist der Herrscher über die Toten und die Schatten der Verstorbenen. Seine Reichweite erstreckt sich über verschiedene Regionen, darunter das düstere Reich der Toten sowie das paradiesische Elysium.

Hades und die Unterwelt

In der griechischen Mythologie ist Hades der Bruder von Zeus und Poseidon und regiert über die Unterwelt, die auch als Hades oder Tartaros bekannt ist. Diese düstere Welt liegt tief unter der Erde und ist der Ort, an den die Seelen der Verstorbenen nach ihrem Tod hinabsteigen. Die Unterwelt wird von Hades und seiner Gemahlin Persephone regiert, die auch als Königin der Toten bekannt ist.

Die Schatten der Verstorbenen

In der Unterwelt leben die Schatten der Verstorbenen ein trostloses und tristes Dasein, ohne Hoffnung auf Wiederkehr ins Leben. Sie verbringen ihre Tage in einem Zustand der

Dunkelheit und des Vergessens, ohne Bewusstsein oder Erinnerung an ihr früheres Leben auf der Erde. Einige werden für ihre Sünden bestraft, während andere ein gerechtes und friedliches Leben führen dürfen, abhängig von ihren Taten zu Lebzeiten.

Elysium:
Das Paradies der Seligen

Im Gegensatz zur düsteren Unterwelt gibt es in der griechischen Mythologie auch ein paradiesisches Reich namens Elysium. Dieses himmlische Land ist der Ort, an den die Seelen der Verdienstvollen gelangen, die ein tugendhaftes und gerechtes Leben geführt haben. In Elysium herrscht ewiger Frieden und Glückseligkeit, und die Seligen genießen dort ein Leben voller Freude und Harmonie.

Die Reise ins Jenseits

Die griechischen Helden und Sterblichen glaubten fest daran, dass ihr Schicksal nach dem Tod von ihren Taten zu Lebzeiten abhing. Sie hofften darauf, in Elysium belohnt zu werden und ein ewiges Leben in Frieden und Freude zu führen. Um dieses Ziel zu erreichen, mussten sie jedoch erst eine gefährliche Reise ins Jenseits unternehmen, bei der sie zahlreiche Prüfungen und Hindernisse überwinden mussten.

Die Bedeutung der griechischen Vorstellungen vom Jenseits

Die Vorstellungen von Hades, Elysium und der Unterwelt in der griechischen Mythologie spiegeln die menschliche Sehnsucht nach einem Leben nach dem Tod und nach einer gerechten Vergeltung für ihre Taten wider. Sie dienen auch als moralische Lehren über die Bedeutung von Tugendhaftigkeit, Gerechtigkeit und Tapferkeit im Leben eines Menschen. Durch die Geschichten und Mythen über das Jenseits versuchten die Griechen, Antworten auf die großen Fragen des Lebens und des Todes zu finden und Trost in der Vorstellung eines ewigen Lebens nach dem Tod zu finden.

Die römische Vorstellung vom Jenseits: Einflüsse der griechischen Mythologie und römische Rituale

Die römische Vorstellung vom Jenseits war stark von den griechischen Mythologien und Riten beeinflusst, die durch die Eroberung und kulturelle Integration Griechenlands in das Römische Reich verbreitet wurden. Die Römer übernahmen viele der griechischen Konzepte und passten sie an ihre eigenen religiösen Vorstellungen und Rituale an, was zu einer Synthese von griechischen und römischen Glaubensvorstellungen führte.

Einflüsse der griechischen Mythologie

Die römische Vorstellung vom Jenseits wurde maßgeblich von der griechischen Mythologie geprägt, insbesondere von den Vorstellungen von Hades, Elysium und der Unterwelt. Ähnlich wie die Griechen glaubten die Römer an ein Leben nach dem Tod, in dem die Seelen der Verstorbenen entweder in die düstere Unterwelt hinabstiegen oder in das paradiesische Elysium aufstiegen, je nach ihren Taten zu Lebzeiten.

Anpassung an römische Rituale

Obwohl die Grundlagen der römischen Vorstellung vom Jenseits griechischen Ursprungs waren, entwickelten die Römer im Laufe der Zeit auch ihre eigenen religiösen Rituale und Bräuche im Zusammenhang mit dem Tod und dem Jenseits. Diese Rituale waren oft mit dem Kult der Ahnen und der Verehrung der Verstorbenen verbunden und umfassten Bestattungspraktiken, Grabbeigaben und Zeremonien zur Ehrung der Toten.

Die Bedeutung des Totenkults

Der Totenkult spielte eine zentrale Rolle im römischen religiösen Leben und den Glaubensvorstellungen der Menschen. Die Römer glaubten fest daran, dass die Seelen der Verstorbenen weiterlebten und dass es wichtig war, die Toten zu ehren und zu pflegen, um ihre Gunst und Unterstützung zu erhalten. Daher wurden den Verstorbenen regelmäßig Opfergaben dargebracht und Zeremonien abgehalten, um ihre Seelen zu besänftigen und ihnen ein angenehmes Weiterleben im Jenseits zu ermöglichen.

Die Vorstellung von einem gerechten Jenseits

Ähnlich wie die Griechen glaubten auch die Römer an ein gerechtes Jenseits, in dem die Seelen der Verdienstvollen belohnt und die der Böswilligen bestraft wurden. Sie vertrauten darauf, dass die Götter über das Schicksal der Seelen im Jenseits wachten und gerechte Urteile fällten, basierend auf den Taten und Verdiensten der Verstorbenen zu Lebzeiten.

Kontinuität und Synthese

Insgesamt zeigt die römische Vorstellung vom Jenseits eine interessante Synthese aus griechischen und römischen Glaubensvorstellungen und Riten. Die Römer übernahmen viele der griechischen Konzepte und passten sie an ihre eigenen religiösen und kulturellen Traditionen an, was zu einer einzigartigen und vielschichtigen Vorstellung vom Leben nach dem Tod führte. Diese Kontinuität und Synthese prägte das religiöse Leben der Römer und hinterließ einen bleibenden Einfluss auf ihre Vorstellungen vom Jenseits.

Das Jenseits im Christentum: Entwicklungen von der Antike bis ins Mittelalter

Das Jenseits im Christentum hat eine komplexe Entwicklung durchlaufen, die stark von den antiken Vorstellungen des Jenseits sowie von den Lehren und Überlieferungen der jüdischen Religion beeinflusst wurde. Von den frühen Anfängen des Christentums bis ins Mittelalter entwickelten sich verschiedene Vorstellungen über das Leben nach dem Tod, die die christliche Theologie und Spiritualität prägten.

Die frühen christlichen Vorstellungen vom Jenseits

In den ersten Jahrhunderten nach Christi Geburt waren die christlichen Vorstellungen vom Jenseits noch relativ vage und wenig ausgearbeitet. Die frühchristlichen Gemeinden glaubten an die Auferstehung der Toten und an ein ewiges Leben im Himmel, das durch den Glauben an Jesus Christus erlangt wurde. Sie orientierten sich dabei stark an den jüdischen Vorstellungen vom Jenseits, insbesondere an der Hoffnung auf eine künftige Auferstehung der Toten und ein Leben im Reich Gottes.

Die Entwicklung der Hölle und des Fegefeuers

Mit der Zeit entwickelten sich im Christentum auch Vorstellungen von einer Hölle als Ort der Strafe für diejenigen, die sich von Gott abgewandt hatten und sündhaft gelebt hatten. Diese Vorstellung war teilweise von antiken Vorstellungen der Unterwelt beeinflusst, wurde jedoch im christlichen Kontext weiter ausgearbeitet und theologisch interpretiert. Ebenso entstand die Vorstellung eines Fegefeuers als Ort der Reinigung für die Seelen der Verstorbenen, die zwar gerettet, aber noch nicht vollkommen rein waren.

Die Bedeutung der Apokalypse und des Jüngsten Gerichts

Im Mittelalter gewannen die Vorstellungen von der Apokalypse und dem Jüngsten Gericht an Bedeutung im christlichen Denken über das Jenseits. Die Apokalypse wurde als das endzeitliche Ereignis betrachtet, das die Rückkehr Jesu Christi und das Ende der Welt ankündigte. Das Jüngste Gericht sollte darüber entscheiden, wer in den Himmel gelangen und wer in die Hölle verdammt werden sollte, basierend auf den Taten und dem Glauben der Menschen zu Lebzeiten.

Die Rolle der Kirche und der Sakramente

Die mittelalterliche Kirche spielte eine entscheidende Rolle bei der Vermittlung der christlichen Vorstellungen vom Jenseits und bei der Auslegung der Heiligen Schrift. Die Sakramente, insbesondere die Taufe und die Beichte, wurden als Mittel zur Erlangung des Heils und der Vergebung der Sünden betrachtet und spielten daher eine wichtige Rolle im religiösen Leben der Menschen.

Die Vielfalt der Vorstellungen vom Jenseits

Es ist wichtig anzumerken, dass es im Christentum eine Vielfalt von Vorstellungen vom Jenseits gab und gibt, die sich im Laufe der Zeit und in verschiedenen theologischen Strömungen entwickelt haben. Während einige christliche Traditionen die Vorstellung eines strengen und richtenden Gottes betonen, legen andere den Fokus auf die Barmherzigkeit und Liebe Gottes und die Hoffnung auf Erlösung für alle Menschen.

Die mittelalterliche Vorstellung vom Jenseits: Himmel, Hölle und Fegefeuer

Das Mittelalter war geprägt von einer starken religiösen Überzeugung und einem ausgeprägten Glauben an das Leben nach dem Tod. Die mittelalterliche Vorstellung vom Jenseits war von den Lehren der Kirche sowie von verschiedenen theologischen und volkstümlichen Vorstellungen geprägt, die den Gläubigen Orientierung und Trost in einer unsicheren Welt boten.

Der Himmel:
Ort der ewigen Seligkeit

Im mittelalterlichen Christentum wurde der Himmel als Ort der ewigen Seligkeit und Vereinigung mit Gott betrachtet. Dort sollten die Gläubigen nach ihrem Tod die unendliche Freude und Herrlichkeit Gottes erfahren. Der Himmel wurde als Ort des Friedens, der Liebe und der Erfüllung dargestellt, an dem alle Schmerzen und Leiden der Erde verschwunden waren.

Die Hölle:
Ort der ewigen Verdammnis

Der Glaube an die Hölle als Ort der ewigen Verdammnis war im Mittelalter weit verbreitet. Die Hölle wurde als Ort des ewigen Feuers und der Qualen beschrieben, an dem diejenigen, die sich von Gott abgewandt hatten und in Sünde gelebt hatten, für alle Ewigkeit bestraft wurden. Die Vorstellung von der Hölle diente als Warnung vor den Konsequenzen eines sündhaften Lebens und sollte die Gläubigen zur Umkehr und Buße bewegen.

Das Fegefeuer:
Ort der Reinigung und Läuterung

Das Fegefeuer war eine weitere wichtige Vorstellung im mittelalterlichen Jenseitsglauben. Es wurde als Ort der Reinigung und Läuterung für diejenigen betrachtet, die zwar gerettet waren, aber noch nicht vollkommen rein und frei von Sünde waren. Die Seelen im Fegefeuer mussten eine Zeit lang leiden und büßen, bevor sie in den Himmel aufsteigen konnten. Die Gläubigen konnten durch Gebete, Almosen und gute Werke die Leiden der Seelen im Fegefeuer mildern und ihre Erlösung beschleunigen.

Die Bedeutung von Jenseitsvorstellungen im Mittelalter

Die Vorstellungen vom Himmel, der Hölle und dem Fegefeuer hatten im mittelalterlichen Christentum eine große Bedeutung. Sie dienten dazu, die Gläubigen zu ermutigen, ein tugendhaftes Leben zu führen, und sie daran zu erinnern, dass ihre Taten und Entscheidungen Konsequenzen für ihr Leben nach dem Tod haben würden. Die Vorstellung vom Jenseits bot Trost und Hoffnung in einer Zeit des Leids und der Unsicherheit und half den Menschen, einen Sinn und eine Perspektive in ihrem Leben zu finden.

Das Jenseits in der islamischen Tradition: Paradies, Hölle und das Jüngste Gericht

Die islamische Tradition vermittelt eine reiche Vorstellung vom Jenseits, die eng mit dem Glauben an Allah und den Lehren des Propheten Muhammad verbunden ist. Diese Vorstellungen von Paradies, Hölle und dem Jüngsten Gericht haben eine zentrale Bedeutung im Islam und dienen als Grundlage für das Verständnis des Lebens nach dem Tod.

Das Paradies:
Ort der Belohnung und Freude

Im Islam wird das Paradies als Ort der Belohnung für die Gläubigen beschrieben, die ein rechtschaffenes Leben geführt haben. Es wird als Ort der unendlichen Freude, Schönheit und Erfüllung beschrieben, an dem die Gläubigen die Nähe zu Allah genießen und mit den himmlischen Freuden belohnt werden. Das Paradies wird oft als Garten mit fließenden Bächen, üppigen Gärten und köstlichen Speisen und Getränken beschrieben, die den Gläubigen ewige Freude bereiten.

Die Hölle:
Ort der Bestrafung und Qual

Die Hölle wird im Islam als Ort der Bestrafung für diejenigen beschrieben, die sich von Allah abgewandt und sündhaft gelebt haben. Sie wird als Ort des Feuers und der Qualen beschrieben, an dem die Sünder für ihre Taten bestraft werden. Die Hölle wird als Ort der Dunkelheit und Verzweiflung dargestellt, an dem die Sünder keine Hoffnung auf Erlösung haben und für alle Ewigkeit leiden.

Das Jüngste Gericht: Tag der Abrechnung

Im Islam wird der Tag des Jüngsten Gerichts als Tag der Abrechnung beschrieben, an dem alle Menschen vor Allah treten und für ihre Taten während ihres irdischen Lebens zur Rechenschaft gezogen werden. An diesem Tag wird über das Schicksal eines jeden Menschen entschieden, ob er ins Paradies eingehen oder in die Hölle verdammt werden wird. Die Gläubigen werden nach ihren guten Taten belohnt, während die Ungläubigen und Sünder für ihre Sünden bestraft werden.

Die Bedeutung des Jenseits im Islam

Die Vorstellungen vom Paradies, der Hölle und dem Jüngsten Gericht haben im Islam eine große Bedeutung und dienen als Ansporn für die Gläubigen, ein rechtschaffenes Leben zu führen und den Geboten Allahs zu folgen. Sie bieten Trost und Hoffnung in Zeiten der Prüfung und Herausforderung und erinnern die Gläubigen daran, dass das irdische Leben nur vorübergehend ist und dass das wahre Leben im Jenseits erst beginnt. Die Vorstellung vom Jenseits motiviert die Gläubigen, sich auf das Leben nach dem Tod vorzubereiten und nach den Geboten Allahs zu leben, um die ewige Belohnung im Paradies zu erlangen.

Das Jenseits im Hinduismus:

Reinkarnation und das Konzept von

Karma

Der Hinduismus bietet eine faszinierende Vorstellung vom Jenseits, die stark von den Konzepten der Reinkarnation und des Karma geprägt ist. Diese tiefgründigen Ideen formen das Verständnis der Gläubigen über das Leben nach dem Tod und den Weg zur Erlösung.

Reinkarnation:
Der Kreislauf von Geburt, Tod und Wiedergeburt

Im Hinduismus wird geglaubt, dass die Seele nach dem Tod den Körper verlässt, um in einem neuen Körper wiedergeboren zu werden. Dieser Prozess der Reinkarnation ist Teil eines ewigen Kreislaufs von Geburt, Tod und Wiedergeburt, der als Samsara bekannt ist. Die Seele durchläuft diesen Zyklus so lange, bis sie Moksha erreicht, die endgültige Befreiung aus dem Kreislauf der Wiedergeburten.

Karma:
Ursache und Wirkung von Handlungen

Das Konzept von Karma spielt eine zentrale Rolle im Hinduismus und beeinflusst maßgeblich den Verlauf der Reinkarnation. Karma bezieht sich auf die Idee, dass jede Handlung, die eine Person ausführt, eine entsprechende Wirkung hat, die sich auf ihr gegenwärtiges und zukünftiges Leben auswirkt. Gute Taten führen zu positivem Karma und können zu einem günstigeren Schicksal in zukünftigen Leben führen, während schlechte Taten zu negativem Karma führen und zu Leiden und Schwierigkeiten in der Zukunft führen können.

Der Weg zur Erlösung:
Moksha anstreben

Das ultimative Ziel im Hinduismus ist die Erlösung oder Befreiung aus dem Kreislauf der Wiedergeburten, bekannt als Moksha. Moksha wird erreicht, wenn die Seele die Illusion der Welt durchschaut und ihre Bindungen an das materielle Leben aufgelöst hat. Durch spirituelle Praktiken wie Meditation, Gebet, Selbstreflexion und das Befolgen der Lehren der heiligen Schriften kann die Seele den Weg zur Erlösung finden und das ewige Glück und die Einheit mit dem Göttlichen erlangen.

Die Bedeutung des Jenseits im Hinduismus

Die Vorstellungen von Reinkarnation und Karma im Hinduismus prägen das Verständnis der Gläubigen über das Leben nach dem Tod und den Zweck des irdischen Daseins. Das Jenseits wird nicht als ein endgültiger Ort, sondern als ein fortwährender Prozess der spirituellen Entwicklung betrachtet, in dem die Seele die Möglichkeit hat, sich zu reinigen, zu wachsen und schließlich die Befreiung zu erlangen. Diese Vorstellungen bieten den Gläubigen Trost, Hoffnung und einen klaren Weg zur spirituellen Vollendung.

Das Jenseits im Buddhismus: Nirwana und die Überwindung des Leidens

Der Buddhismus bietet eine einzigartige Perspektive auf das Jenseits, die sich stark von anderen religiösen Traditionen unterscheidet. Zentral für das buddhistische Verständnis des Jenseits sind die Konzepte von Nirwana und der Überwindung des Leidens, die den Weg zur spirituellen Erleuchtung und Befreiung darstellen.

Nirwana:
Die Erleuchtung und Befreiung

Nirwana ist das zentrale Konzept im buddhistischen Verständnis des Jenseits. Es wird oft als der Zustand der höchsten Erleuchtung und Befreiung beschrieben, den ein Mensch erreichen kann. Nirwana ist jenseits von Raum, Zeit und individueller Existenz und repräsentiert die endgültige Befreiung von den Begrenzungen des egozentrischen Denkens und Begehrens. Es ist der Zustand des vollkommenen inneren Friedens, der Freiheit von Leid und das Erwachen zu wahrer Weisheit und Mitgefühl.

Die Überwindung des Leidens:
Das Herzstück des buddhistischen Weges

Im Buddhismus ist die Überwindung des Leidens das zentrale Ziel des spirituellen Weges. Der Buddha lehrte, dass das Leben von Leiden geprägt ist, das aus dem unermüdlichen Streben nach Vergnügen, dem Verlangen nach Dingen, die wir nicht haben, und der Unwissenheit über die wahre Natur der Realität entsteht. Der Weg zur Überwindung des Leidens führt über das Erwachen zu den Vier Edlen Wahrheiten und die Achtfache Pfad des Buddhismus, der die Praxis von ethischem Verhalten, Meditation und Einsicht umfasst.

Die Bedeutung des Jenseits im Buddhismus

Für Buddhisten ist das Jenseits kein Ort, sondern ein spiritueller Zustand, der durch die Erreichung von Nirwana erreicht wird. Die Vorstellung vom Jenseits als Nirwana bietet den Gläubigen Trost, Hoffnung und eine klare Ausrichtung auf dem Weg zur spirituellen Erleuchtung und Befreiung. Durch die Praxis von Meditation, Mitgefühl und ethischem Verhalten streben die Buddhisten danach, das Leiden zu überwinden und das höchste Ziel des Nirwana zu erreichen.

Das Diesseits als Vorbereitung auf das Jenseits

Das irdische Leben wird oft als Übergangsphase betrachtet, die die Grundlage für das Leben im Jenseits legt. In vielen religiösen Traditionen wird die Bedeutung des Diesseits als Vorbereitung auf das Jenseits betont, da die Handlungen und Entscheidungen, die im Diesseits getroffen werden, Auswirkungen auf das Schicksal im Leben nach dem Tod haben können.

Ethik und Moral im Diesseits

Eine zentrale Lehre vieler Religionen ist die Bedeutung von ethischem Verhalten und moralischer Integrität im Diesseits. Gläubige werden ermutigt, ein rechtschaffenes Leben zu führen, das von Liebe, Mitgefühl, Güte und Gerechtigkeit geprägt ist. Durch die Einhaltung moralischer Prinzipien und die Vermeidung von Sünde und Unrecht können die Menschen ihr Gewissen reinigen und sich auf ein positives Schicksal im Jenseits vorbereiten.

Spirituelle Praxis und Hingabe

Das Diesseits bietet auch die Möglichkeit für spirituelle Praxis und Hingabe, die die Seele auf das Leben im Jenseits vorbereiten können. Durch Gebet, Meditation, rituelle Praktiken und die Suche nach spiritueller Erkenntnis können die Gläubigen eine tiefere Verbindung zu höheren spirituellen Realitäten herstellen und sich auf die Erfahrung des Transzendenten vorbereiten.

Die Bedeutung von Beziehungen und Mitgefühl

Im Diesseits spielen auch zwischenmenschliche Beziehungen und Mitgefühl eine wichtige Rolle bei der Vorbereitung auf das Jenseits. Die Art und Weise, wie wir mit anderen interagieren und ihnen gegenüber handeln, beeinflusst nicht nur unser irdisches Leben, sondern auch unser spirituelles Schicksal. Durch Liebe, Fürsorge und Mitgefühl können wir positive Beziehungen aufbauen und Karma ansammeln, das uns im Jenseits zugutekommen kann.

Das Streben nach Wissen und Weisheit

Ein weiterer Aspekt der Vorbereitung auf das Jenseits im Diesseits ist das Streben nach Wissen und Weisheit. Durch Bildung, Studium heiliger Schriften, philosophisches Nachdenken und die Suche nach spiritueller Erkenntnis können die Menschen ihr Verständnis über das Leben, den Tod und die transzendenten Realitäten vertiefen und sich auf eine spirituelle Reise vorbereiten, die über das irdische Dasein hinausreicht.

Zusammenfassung

Das Diesseits wird in vielen religiösen Traditionen als entscheidende Phase betrachtet, die die Grundlage für das Leben im Jenseits legt. Durch ethisches Verhalten, spirituelle Praxis, zwischenmenschliche Beziehungen und das Streben nach Wissen können die Menschen sich auf eine spirituelle Reise vorbereiten, die über das irdische Leben hinausreicht und sie auf das Erleben des Transzendenten im Jenseits vorbereitet.

Das Jenseits in der Philosophie: Platon, Aristoteles und die Frage nach der Unsterblichkeit der Seele

Die philosophische Betrachtung des Jenseits hat eine lange Tradition, die bis zu den antiken griechischen Philosophen Platon und Aristoteles zurückreicht. Für sie stand die Frage nach der Unsterblichkeit der Seele im Mittelpunkt ihrer Untersuchungen über das Leben nach dem Tod.

Platon:
Die Idee des Jenseits als ewige Wahrheit

Platon, einer der einflussreichsten Philosophen der Antike, prägte die Vorstellung vom Jenseits als einem Reich ewiger Ideen und Wahrheiten. Für Platon war die Seele unsterblich und existierte vor und nach dem physischen Tod des Körpers. Er glaubte, dass die Seele an einem Ort des Seins verweilte, der jenseits der materiellen Welt lag und in dem sie die wahre Erkenntnis und Vollkommenheit erlangen konnte. Die philosophische Praxis des Dialogs und der Suche nach Wahrheit war für Platon der Weg, die Seele auf das Leben im Jenseits vorzubereiten.

Aristoteles:
Die Seele als Form des Körpers

Aristoteles, ein Schüler Platons, vertrat eine etwas andere Auffassung von der Unsterblichkeit der Seele. Er argumentierte, dass die Seele nicht unabhängig vom Körper existieren könne, sondern vielmehr die Form und Essenz des Körpers sei. Für Aristoteles hatte die Seele verschiedene Funktionen, die eng mit dem physischen Körper verbunden waren, wie z.b. das Denken, Fühlen und Bewegen. Obwohl er die Unsterblichkeit der individuellen Seele nicht direkt lehrte, schloss Aristoteles nicht aus, dass es eine Art kollektives Bewusstsein geben könnte, das über den Tod hinaus bestand.

Die Bedeutung der Frage nach der Unsterblichkeit der Seele

Die philosophischen Untersuchungen von Platon und Aristoteles über die Unsterblichkeit der Seele haben bis heute tiefe Auswirkungen auf das Verständnis des Jenseits in der Philosophie. Ihre Betrachtungen über die Natur der Seele, ihre Beziehung zum Körper und ihre mögliche Unsterblichkeit haben wichtige Fragen aufgeworfen, die weiterhin Gegenstand philosophischer Diskussionen sind. Die Frage nach dem Jenseits in der Philosophie ist eng mit der Suche nach dem Sinn des Lebens, der Natur der Existenz und der Möglichkeit einer transzendenten Realität verbunden.

Das Jenseits in der Literatur: Dante's ›Göttliche Komödie‹ und die Darstellung der Unterwelt

Die literarische Darstellung des Jenseits hat im Laufe der Geschichte eine faszinierende Vielfalt an Interpretationen und Vorstellungen hervorgebracht. Ein herausragendes Werk, das sich intensiv mit dem Thema des Jenseits auseinandersetzt, ist Dante Alighieris ›Göttliche Komödie‹. In diesem epischen Gedicht beschreibt Dante eine Reise durch die drei Reiche des Jenseits: die Hölle (Inferno), das Fegefeuer (Purgatorio) und das Paradies (Paradiso). Besonders die Darstellung der Unterwelt in der ›Göttlichen Komödie‹ bietet einen tiefgründigen Einblick in Dantes Vorstellungen vom Leben nach dem Tod.

Die Hölle (Inferno):
Eine düstere Reise durch die Unterwelt

Im ersten Teil der ›Göttlichen Komödie‹ begibt sich Dante auf eine Reise durch die Hölle, wo er die verschiedenen Kreise der Verdammnis durchläuft. Jeder Kreis repräsentiert eine spezifische Sünde und eine entsprechende Strafe, die von Dante meisterhaft und detailliert beschrieben werden. Von den quälenden Feuern des ersten Kreises bis hin zu den eisigen Gewässern des neunten Kreises bietet die Hölle eine düstere und erschreckende Vision von ewiger Verdammnis und Leid.

Die Bedeutung der Unterwelt als moralisches Lehrstück

Dantes Darstellung der Unterwelt dient nicht nur als schauriges Szenario, sondern auch als moralisches Lehrstück. Durch die Begegnung mit verschiedenen historischen und mythologischen Figuren, die in den verschiedenen Kreisen der Hölle gefangen sind, reflektiert Dante über die Natur von Sünde, Schuld und Erlösung. Die Hölle wird zu einem Symbol für die Konsequenzen menschlichen Fehlverhaltens und zur Mahnung, ein tugendhaftes Leben zu führen, um der ewigen Verdammnis zu entgehen.

Die künstlerische Darstellung des Jenseits

Dantes ›Göttliche Komödie‹ ist nicht nur ein philosophisches und theologisches Werk, sondern auch ein Meisterwerk der poetischen und künstlerischen Darstellung. Dantes lebhafte Beschreibungen der Unterwelt, ihre schaurige Atmosphäre und die vielschichtigen Figuren, die Dante auf seiner Reise begegnet, machen die ›Göttliche Komödie‹ zu einem unvergleichlichen literarischen Werk, das auch heute noch fasziniert und inspiriert.

Zusammenfassung

Die Darstellung der Unterwelt in Dantes ›Göttlicher Komödie‹ bietet einen einzigartigen Einblick in Dantes Vorstellungen vom Jenseits und prägt bis heute unser kulturelles Verständnis von Hölle, Fegefeuer und Paradies. Durch seine poetische und künstlerische Darstellung der Unterwelt gelingt es Dante, nicht nur eine schaurige Vision des Jenseits zu erschaffen, sondern auch tiefgründige Einsichten in die menschliche Natur und das Streben nach Erlösung zu vermitteln.

Moderne Vorstellungen vom Jenseits: Einflüsse von Wissenschaft und Technologie

In der heutigen modernen Gesellschaft haben sich die Vorstellungen vom Jenseits stark verändert, nicht zuletzt aufgrund der Einflüsse von Wissenschaft und Technologie. Während traditionelle religiöse Konzepte nach wie vor eine Rolle spielen, prägen neue wissenschaftliche Erkenntnisse und technologische Entwicklungen zunehmend unser Verständnis von Leben nach dem Tod und dem Jenseits.

Die Rolle der Wissenschaft

Die wissenschaftliche Erklärung des Universums und des menschlichen Lebens hat viele traditionelle Vorstellungen vom Jenseits herausgefordert. Die Entdeckungen der Astronomie, Physik und Biologie haben unser Verständnis von Raum, Zeit und Leben grundlegend verändert. Einige Menschen neigen dazu, das Konzept des Jenseits als rein metaphysisch oder mythologisch abzulehnen und sehen den Tod als das endgültige Ende des Bewusstseins und der Existenz.

Transhumanismus und die Suche nach Unsterblichkeit

Eine moderne Bewegung, die stark von technologischen Entwicklungen geprägt ist, ist der Transhumanismus. Transhumanisten glauben an die Möglichkeit, die Grenzen der menschlichen Existenz durch technologische Verbesserungen zu überwinden, einschließlich der Verlängerung des menschlichen Lebens und der Schaffung von künstlicher Intelligenz. Einige Transhumanisten streben sogar nach der Unsterblichkeit des Bewusstseins durch das Hochladen des Gehirns in digitale Systeme oder die Schaffung von virtuellen Realitäten, die ein ewiges Leben ermöglichen könnten.

Virtuelle Realitäten und Simulationen des Jenseits

Mit dem Aufkommen von Virtual-Reality-Technologien entstehen auch neue Vorstellungen vom Jenseits. Einige futuristische Denker spekulieren darüber, ob es möglich sein könnte, virtuelle Welten zu schaffen, die den individuellen Vorstellungen von Himmel oder Paradies entsprechen. Diese virtuellen Realitäten könnten es den Menschen ermöglichen, nach dem Tod weiterhin zu existieren und ein erfülltes Leben zu führen, das ihren eigenen Wünschen und Träumen entspricht.

Ethik und Verantwortung in der modernen Welt

Trotz der fortschreitenden Technologisierung und Wissenschaft bleibt die Frage nach dem Jenseits ein zentrales ethisches und philosophisches Thema. Die Vorstellungen vom Leben nach dem Tod prägen nach wie vor unsere Werte, Überzeugungen und Handlungen in der modernen Welt. Die Auseinandersetzung mit dem Jenseits erinnert uns an die Endlichkeit unseres Daseins und fordert uns auf, verantwortungsbewusst und achtsam zu leben, unabhängig von unseren individuellen Glaubenssystemen oder wissenschaftlichen Überzeugungen.

Zusammenfassung

Die modernen Vorstellungen vom Jenseits werden von einem komplexen Zusammenspiel von Religion, Wissenschaft und Technologie geprägt. Während traditionelle religiöse Konzepte weiterhin relevant sind, beeinflussen neue wissenschaftliche Erkenntnisse und technologische Entwicklungen zunehmend unser Verständnis von Leben nach dem Tod und dem Jenseits. Die Herausforderung besteht darin, eine Balance zwischen spiritueller Erkenntnis und wissenschaftlicher Vernunft zu finden und die ethischen Implikationen dieser Vorstellungen in einer zunehmend technisierten Welt zu berücksichtigen.

Das Jenseits in der Popkultur:
Filme, Bücher und Musik

Die Popkultur hat eine faszinierende Vielfalt an Darstellungen und Interpretationen des Jenseits hervorgebracht. Filme, Bücher und Musikstücke bieten eine breite Palette von Vorstellungen über das Leben nach dem Tod, die von traditionellen religiösen Konzepten bis hin zu modernen, oft fantastischen Interpretationen reichen.

Filme:
Von epischen Schlachten bis zu introspektiven Reisen

In der Welt des Films hat das Jenseits eine reiche und vielfältige Darstellung gefunden. Von epischen Hollywood-Blockbustern wie ›Ghostbusters‹ und ›Matrix‹, in denen Helden das Jenseits bekämpfen oder erkunden, bis hin zu introspektiven Filmen wie ›The Lovely Bones‹ und ›What Dreams May Come‹, die sich mit Fragen nach Schuld, Vergebung und Erlösung auseinandersetzen, bieten Filme eine Bandbreite an Interpretationen des Lebens nach dem Tod.

Bücher:
Literarische Reisen in die Ewigkeit

Die Literatur ist reich an Werken, die sich mit dem Jenseits befassen, sei es in Form von religiösen Schriften, philosophischen Abhandlungen oder fantastischen Romanen. Klassiker wie ›Die Göttliche Komödie‹ von Dante Alighieri, ›Die Unendliche Geschichte‹ von Michael Ende und ›His Dark Materials‹ von Philip Pullman entführen die Leser in faszinierende Welten jenseits der Realität und regen zum Nachdenken über das Wesen des Lebens und des Todes an.

Musik:
Klänge aus der Ewigkeit

Auch in der Musik findet sich eine Vielzahl von Werken, die das Jenseits thematisieren. Von klassischen Kompositionen wie Mozarts ›Requiem‹ bis hin zu modernen Hits wie ›Stairway to Heaven‹ von Led Zeppelin und ›Knocking on Heaven's Door‹ von Bob Dylan, spiegelt die Musik die menschliche Sehnsucht nach Transzendenz und Erlösung wider.

Popkultur als Spiegel unserer Sehnsüchte und Ängste

Die Darstellung des Jenseits in der Popkultur reflektiert oft unsere tiefsten Sehnsüchte und Ängste. Von der Hoffnung auf ein Leben nach dem Tod bis hin zur Furcht vor ewiger Verdammnis spiegeln Filme, Bücher und Musikstücke die vielschichtigen Emotionen und Überzeugungen wider, die mit dem Konzept des Jenseits verbunden sind.

Zusammenfassung

Die Popkultur bietet einen reichen Schatz an Darstellungen und Interpretationen des Jenseits, die von traditionellen religiösen Vorstellungen bis hin zu modernen Fantasien reichen. Filme, Bücher und Musikstücke ermöglichen es uns, über das Leben nach dem Tod nachzudenken, unsere eigenen Überzeugungen zu hinterfragen und uns mit den tiefsten Fragen unseres Daseins auseinanderzusetzen. Letztendlich spiegelt die Popkultur unsere menschliche Suche nach Sinn und Bedeutung in einer Welt jenseits unserer Vorstellungskraft wider.

Nahtoderfahrungen und das Jenseits: Berichte von Menschen, die dem Tod nahe waren

Nahtoderfahrungen haben in den letzten Jahrzehnten weltweit zunehmend Aufmerksamkeit erregt und die Frage nach dem Leben nach dem Tod neu entfacht. Menschen, die dem Tod nahe waren und wieder ins Leben zurückgekehrt sind, berichten oft von außergewöhnlichen Erlebnissen und Begegnungen, die ihr Verständnis vom Jenseits prägen.

Die Vielfalt der Nahtoderfahrungen

Nahtoderfahrungen sind äußerst vielfältig und können eine breite Palette von Erlebnissen umfassen, darunter das Gefühl des Schwebens über dem eigenen Körper, das Durchschreiten eines Tunnels, die Begegnung mit einem hellen Licht oder das Treffen verstorbener Angehöriger oder spiritueller Wesen. Diese Erfahrungen können äußerst real und lebendig sein und einen tiefen Eindruck auf die Betroffenen hinterlassen.

Gemeinsame Elemente und Interpretationen

Obwohl sich die Details von Nahtoderfahrungen von Fall zu Fall unterscheiden können, gibt es bestimmte gemeinsame

Elemente, die immer wieder auftreten. Viele Menschen berichten von einem Gefühl des Friedens, der Liebe und des Lichts während ihrer Nahtoderfahrungen. Diese Erfahrungen werden oft als äußerst positiv und transformativ beschrieben und führen zu einer neuen Perspektive auf das Leben, den Tod und das Jenseits.

Wissenschaftliche Untersuchungen und Deutungen

Nahtoderfahrungen haben das Interesse von Wissenschaftlern und Forschern geweckt, die versuchen, sie aus neurologischer, psychologischer und spiritueller Perspektive zu verstehen. Obwohl es noch keine endgültige wissenschaftliche Erklärung für Nahtoderfahrungen gibt, deuten einige Studien darauf hin, dass sie durch neurophysiologische Prozesse im Gehirn ausgelöst werden könnten, während andere sie als spirituelle oder transzendente Erfahrungen interpretieren.

Bedeutung für das Verständnis des Jenseits

Die Berichte von Nahtoderfahrungen liefern einen faszinierenden Einblick in die menschliche Vorstellung vom Jenseits. Sie zeigen, dass das Jenseits nicht nur eine abstrakte theologische Konzeption ist, sondern eine reale Erfahrung sein kann, die das Leben der Betroffenen tiefgreifend beeinflusst. Diese Erfahrungen stellen eine Herausforderung für traditionelle religiöse Vorstellungen dar und regen zu neuen Interpretationen und Debatten über das Wesen des Lebens und des Todes an.

Zusammenfassung

Nahtoderfahrungen sind ein faszinierendes und kontrovers diskutiertes Phänomen, das unser Verständnis vom Jenseits und dem Leben nach dem Tod herausfordert. Die Berichte von Menschen, die dem Tod nahe waren, bieten einen einzigartigen Einblick in die menschliche Vorstellungskraft und die Möglichkeit eines Lebens jenseits unserer irdischen Existenz. Unabhängig von den wissenschaftlichen oder theologischen Interpretationen stellen Nahtoderfahrungen eine persönliche und oft tief spirituelle Erfahrung dar, die das Leben der Betroffenen nachhaltig prägt.

Das Jenseits in der Kunst: Darstellungen von Himmel und Hölle in der Malerei

Die Kunst hat seit jeher eine wichtige Rolle bei der Darstellung des Jenseits gespielt. Insbesondere in der Malerei haben Künstler verschiedene Vorstellungen von Himmel und Hölle visualisiert, die tiefgreifende Auswirkungen auf die Vorstellungskraft und den Glauben der Betrachter hatten.

Die himmlische Pracht: Darstellungen des Himmels

In der Kunstgeschichte finden sich zahlreiche Darstellungen des Himmels, die von einem Ort des Friedens, der Schönheit und der Erlösung geprägt sind. Häufig werden himmlische Szenen mit strahlendem Licht, sanften Wolkenformationen und harmonischen Landschaften dargestellt. Klassische Gemälde wie ›Die Verklärung Christi‹ von Raffael oder ›Die Erschaffung Adams‹ von Michelangelo vermitteln eine Vision von göttlicher Herrlichkeit und Glückseligkeit.

Die dunklen Abgründe: Darstellungen der Hölle

Gegenüber den himmlischen Darstellungen stehen die düsteren und bedrohlichen Szenen der Hölle. Künstler haben die Hölle oft als Ort des Leids, der Qual und der Verdammnis visualisiert. In Gemälden wie ›Die Höllenhölle‹ von Hieronymus Bosch oder ›Die Hölle‹ von Auguste Rodin werden die Abgründe der menschlichen Sünde und Verderbtheit eindrücklich dargestellt, wobei Dämonen, Teufel und peinigende Folterungen eine zentrale Rolle spielen.

Symbolik und Interpretation

Die Darstellungen von Himmel und Hölle in der Kunst sind nicht nur ästhetische Schöpfungen, sondern tragen auch eine tiefe symbolische Bedeutung. Der Himmel wird oft als Ort der Reinheit, Liebe und Erlösung interpretiert, während die Hölle die Konsequenzen von Sünde, Gier und Verderbtheit symbolisiert. Diese Bilder regen den Betrachter dazu an, über moralische Fragen nachzudenken und sich mit dem Schicksal der Seele im Jenseits auseinanderzusetzen.

Einflüsse und Weiterentwicklungen

Die Darstellungen von Himmel und Hölle in der Malerei haben im Laufe der Jahrhunderte verschiedene Einflüsse und Weiterentwicklungen erfahren. Von den mittelalterlichen Tafelbildern über die barocken Meisterwerke bis hin zu den modernen Interpretationen in der zeitgenössischen Kunst spiegeln diese Werke die vielfältigen kulturellen, religiösen und philosophischen Strömungen ihrer Zeit wider.

Zusammenfassung

Die Darstellungen von Himmel und Hölle in der Malerei sind nicht nur künstlerische Schöpfungen, sondern auch Ausdruck menschlicher Sehnsüchte, Ängste und Hoffnungen im Angesicht des Jenseits. Sie bieten den Betrachtern einen Einblick in die Vorstellungswelt vergangener Epochen und regen zum Nachdenken über die Fragen von Gut und Böse, Erlösung und Verdammnis an. Letztendlich zeigen sie die tiefe Verbindung zwischen Kunst und Spiritualität und die universelle Suche des Menschen nach Sinn und Bedeutung in einer transzendenten Realität.

Mystische Traditionen und das Jenseits:
Die Suche nach spiritueller Erleuchtung

Mystische Traditionen in verschiedenen Kulturen und Religionen haben sich intensiv mit der Frage nach dem Jenseits und der spirituellen Erleuchtung auseinandergesetzt. Durch spirituelle Praktiken, Meditation und mystische Erfahrungen haben Mystiker versucht, Einsicht in die transzendente Realität jenseits der physischen Welt zu erlangen.

Die Sehnsucht nach dem Göttlichen

Mystiker aller Zeiten und Kulturen haben eine tiefe Sehnsucht nach dem Göttlichen und einer Vereinigung mit der höchsten Wirklichkeit gezeigt. Sie streben danach, die Grenzen des Egos und der materiellen Welt zu überwinden und eine direkte Erfahrung der göttlichen Gegenwart zu erlangen. Diese Suche nach spiritueller Erleuchtung führt oft zu intensiven inneren Transformationen und einem tiefen Verständnis des Jenseits als Quelle von Liebe, Wissen und Frieden.

Die Praxis der Kontemplation und Meditation

Zentrale Elemente mystischer Traditionen sind die Praxis der Kontemplation und Meditation. Durch das Zurückziehen aus der äußeren Welt und das Eintauchen in die Stille des eigenen Geistes versuchen Mystiker, eine direkte Verbindung mit dem

Göttlichen herzustellen. In der Stille und Einsamkeit finden sie Raum für spirituelle Einsicht und Offenbarung, die sie näher zur Erfahrung des Jenseits führt.

Mystische Erfahrungen und Ekstase

Mystiker berichten von intensiven spirituellen Erfahrungen und ekstatischen Zuständen, die sie als direkte Begegnungen mit dem Göttlichen erleben. Diese mystischen Erfahrungen können verschiedene Formen annehmen, darunter Visionen, Offenbarungen, ekstatische Trancezustände und spirituelle Verschmelzungen. In diesen Augenblicken der Transzendenz erfahren Mystiker eine erweiterte Wahrnehmung der Realität und eine unmittelbare Verbindung mit dem Jenseits.

Die Bedeutung von Liebe und Mitgefühl

In vielen mystischen Traditionen steht die Entwicklung von Liebe und Mitgefühl im Zentrum der spirituellen Praxis. Mystiker erkennen die Einheit allen Seins und streben danach, diese Einheit durch bedingungslose Liebe und Mitgefühl zum Ausdruck zu bringen. Sie sehen im Jenseits eine Quelle unendlicher Liebe und Güte, die alle Wesen umfasst und vereint.

Die Herausforderung der Mystik

Die mystische Suche nach dem Jenseits und spiritueller Erleuchtung ist eine Herausforderung, die tiefe Hingabe, Disziplin und Hingabe erfordert. Mystiker begeben sich auf einen inneren Weg der Selbsterforschung und Transformation, der sie jenseits der Grenzen des Verstandes und der Sinne führt. Ihre Erfahrungen bieten einen Einblick in eine transzendente Realität, die das menschliche Verständnis übersteigt und die Suche nach dem Göttlichen als universelles menschliches Streben bestätigt.

Zusammenfassung

Die mystischen Traditionen in verschiedenen Kulturen bieten einen reichen Schatz an spirituellen Lehren und Erfahrungen, die uns helfen, das Jenseits als Quelle von Liebe, Weisheit und Erleuchtung zu verstehen. Durch die Praxis der Kontemplation, Meditation und mystischen Versenkung können wir eine tiefere Verbindung mit dem Göttlichen herstellen und die Grenzen unserer individuellen Existenz überwinden. In der Suche nach spiritueller Erleuchtung finden wir die Möglichkeit, das Jenseits nicht nur als entfernte Realität, sondern als unmittelbare Erfahrung der transzendentalen Wirklichkeit zu erkennen.

Das Jenseits in der Esoterik: Reinkarnation, Channeling und alternative Vorstellungen

Die esoterische Tradition bietet eine Vielzahl von Vorstellungen über das Jenseits, die sich oft von den konventionellen religiösen Ansichten unterscheiden. Reinkarnation, Channeling und alternative Konzepte prägen die esoterische Sicht auf das Leben nach dem Tod und die Existenz von höheren Dimensionen.

Reinkarnation:
Die Seele auf einer spirituellen Reise

In der esoterischen Philosophie wird die Idee der Reinkarnation oft als zentral betrachtet. Sie besagt, dass die Seele nach dem Tod eines physischen Körpers eine neue Existenz in einem anderen Körper annimmt. Dieser Zyklus von Geburt, Tod und Wiedergeburt wird als Möglichkeit der spirituellen Weiterentwicklung angesehen, bei der die Seele durch verschiedene Erfahrungen und Lektionen wächst und sich weiterentwickelt.

Die Vorstellung der Reinkarnation betont die Idee, dass das Leben nicht linear ist, sondern Teil eines größeren evolutionären Prozesses der Seele. Durch jede Inkarnation sammelt die

Seele Erfahrungen und Erkenntnisse, die ihr spirituelles Wachstum fördern und sie auf ihrem Weg zur spirituellen Vollendung voranbringen.

Channeling:
Kommunikation mit spirituellen Wesenheiten

Channeling ist eine Praxis, bei der ein Medium oder Kanal als Vermittler zwischen der physischen Welt und höheren spirituellen Dimensionen dient. Das Medium empfängt Botschaften, Informationen oder Inspirationen von spirituellen Wesenheiten oder Geistführern und gibt sie an andere weiter.

Für Esoteriker ist Channeling ein Mittel, um Einblicke in das Jenseits und die spirituellen Ebenen zu erhalten. Es ermöglicht den Zugang zu Wissen und Weisheit aus höheren Realitäten und bietet Unterstützung und Führung auf dem spirituellen Weg.

Alternative Fantasie:
Vielfalt im esoterischen Weltbild

Die esoterische Tradition umfasst eine Vielzahl alternativer Vorstellungen über das Jenseits, die von verschiedenen Kulturen und spirituellen Strömungen geprägt sind. Dazu gehören Konzepte wie Astralreisen, Geisterbeschwörung, Aura-Lesen, Nahtoderfahrungen und außerkörperliche Erfahrungen.

Diese alternativen Vorstellungen erweitern das traditionelle Verständnis des Jenseits und bieten neue Perspektiven auf die

Natur der Realität und das Potenzial des menschlichen Geistes. Sie laden dazu ein, über die Grenzen der materiellen Welt hinauszudenken und die vielfältigen Dimensionen des Seins zu erkunden.

Die Suche nach Erkenntnis und Selbsterkenntnis

In der esoterischen Sichtweise ist das Jenseits nicht nur ein entfernter Ort der Belohnung oder Bestrafung, sondern vielmehr ein Teil eines umfassenderen kosmischen Gefüges, das das gesamte Universum durchdringt. Esoteriker streben danach, durch spirituelle Praktiken, Meditation und Selbsterforschung Einsicht in die verborgenen Wirklichkeiten des Lebens zu erlangen und ihre spirituelle Entwicklung voranzutreiben.

Zusammenfassung

Die esoterische Perspektive auf das Jenseits bietet eine reiche Vielfalt an Ideen und Praktiken, die dazu dienen, das Verständnis der menschlichen Existenz zu erweitern und spirituelle Erkenntnis zu erlangen. Durch die Konzepte der Reinkarnation, des Channelings und alternative Vorstellungen werden neue Wege der spirituellen Entwicklung eröffnet und die Suche nach dem Sinn des Lebens und der menschlichen Bestimmung vertieft.

Das Jenseits im 21. Jahrhundert: Aktuelle Diskussionen und Debatten

Die Vorstellungen vom Jenseits haben sich im Laufe der Jahrhunderte ständig weiterentwickelt und angepasst, und das 21. Jahrhundert bildet hier keine Ausnahme. In einer Zeit des wissenschaftlichen Fortschritts, der technologischen Innovationen und der globalen Vernetzung werden die Diskussionen über das Jenseits auf neue und vielfältige Weise geführt. Hier werfen wir einen Blick auf einige der aktuellen Debatten und Trends, die das Verständnis des Jenseits im 21. Jahrhundert prägen.

Wissenschaftliche Perspektiven und Skepsis

In einer zunehmend säkularen Gesellschaft gewinnen wissenschaftliche Erklärungen für das Leben nach dem Tod an Bedeutung. Diskussionen über Nahtoderfahrungen, Bewusstsein und Neurobiologie werfen Fragen auf über die Möglichkeit eines Lebens nach dem Tod und die Natur des menschlichen Bewusstseins. Während einige Forscher und Wissenschaftler offen für die Möglichkeit eines Jenseits sind, bleiben andere skeptisch und betonen die Notwendigkeit empirischer Beweise.

Technologische Einflüsse und virtuelle Realitäten

Die rasante Entwicklung der Virtual-Reality-Technologie hat neue Möglichkeiten eröffnet, das Jenseits zu erforschen und zu visualisieren. Virtuelle Welten, Simulationen und digitale Avatare bieten eine Plattform für die Erkundung von spirituellen Erfahrungen und metaphysischen Konzepten. Diese Entwicklung wirft Fragen auf über die Authentizität und den Wert virtueller Jenseits-Erfahrungen im Vergleich zu traditionellen Vorstellungen und spirituellen Praktiken.

Interreligiöse Dialoge und Pluralismus

In einer zunehmend globalisierten Welt kommen Menschen verschiedener religiöser und kultureller Hintergründe zusammen und tauschen ihre Vorstellungen vom Jenseits aus. Interreligiöse Dialoge fördern den gegenseitigen Respekt und das Verständnis für die Vielfalt der spirituellen Traditionen und Überzeugungen. Diese Gespräche werfen Fragen auf über die Gemeinsamkeiten und Unterschiede zwischen den verschiedenen Vorstellungen vom Jenseits und die Möglichkeit eines inklusiven und pluralistischen Ansatzes zur Erforschung des Lebens nach dem Tod.

Ethik und Verantwortung im digitalen Zeitalter

Die zunehmende Digitalisierung unseres Lebens hat auch Auswirkungen auf unsere Vorstellungen vom Jenseits. Fragen nach dem Schutz digitaler Identitäten, dem Erbe in sozialen Medien und der moralischen Verantwortung im Umgang mit virtuellen Realitäten werfen ethische Dilemmata auf und fordern uns heraus, über die Auswirkungen unserer Handlungen auf das Leben nach dem Tod nachzudenken.

Zukunftsausblicke und offene Fragen

Das 21. Jahrhundert steht erst am Anfang seiner Entwicklung, und die Diskussionen über das Jenseits werden sich weiterentwickeln und verändern. Neue wissenschaftliche Erkenntnisse, technologische Innovationen und interreligiöse Dialoge werden unser Verständnis vom Leben nach dem Tod prägen und neue Perspektiven auf die Natur der Realität und die menschliche Existenz eröffnen. Während viele Fragen noch offen sind, bietet das 21. Jahrhundert die Möglichkeit, neue Einsichten zu gewinnen und das Rätsel des Jenseits weiter zu erforschen.

Die Zukunft des Jenseits: Neue Perspektiven und Entwicklungen in der Forschung

Das Jenseits, ein Thema von zeitloser Faszination und Kontemplation, bleibt auch im 21. Jahrhundert ein Gegenstand intensiver Untersuchungen und Spekulationen. Während wir uns in eine Ära des wissenschaftlichen Fortschritts und der technologischen Innovation bewegen, werfen neue Perspektiven und Entwicklungen in der Forschung ein Licht auf die Zukunft des Jenseits.

Quantenphysik und die Natur der Realität

Ein aufregender Bereich der modernen Forschung, der das Verständnis des Jenseits beeinflusst, ist die Quantenphysik. Konzepte wie die Nichtlokalität, die Überlagerungszustände und die Quantenverschränkung werfen Fragen auf über die Natur der Realität und die Möglichkeit eines transzendentalen Bewusstseins. Einige Theorien postulieren sogar die Existenz von Paralleluniversen oder Multiversen, die das Konzept des Jenseits auf eine neue Ebene bringen könnten.

Neurowissenschaften und das menschliche Bewusstsein

In den Neurowissenschaften wird weiterhin intensiv über die Natur des Bewusstseins geforscht, was auch Auswirkungen auf die Vorstellungen vom Leben nach dem Tod hat. Fortschritte in der Hirnforschung und der künstlichen Intelligenz werfen Fragen auf über die Möglichkeit einer digitalen Unsterblichkeit und die Übertragung des Bewusstseins auf nicht-biologische Substrate. Diese Entwicklungen könnten neue Einsichten in die Frage nach der Kontinuität des Selbst und der Identität im Jenseits liefern.

Künstliche Intelligenz und virtuelle Realitäten

Die Entwicklung von künstlicher Intelligenz und virtuellen Realitäten eröffnet neue Möglichkeiten für die Erforschung und Visualisierung des Jenseits. Simulationen von Leben nach dem Tod, interaktive virtuelle Welten und digitale Avatare bieten eine Plattform für spirituelle Erfahrungen und metaphysische Explorationen. Diese Technologien könnten es ermöglichen, das Jenseits auf eine immersive und erlebnisorientierte Weise zu erforschen und neue Perspektiven auf die Natur der Existenz zu eröffnen.

Interdisziplinäre Ansätze und ganzheitliche Perspektiven

In einer zunehmend vernetzten Welt werden interdisziplinäre Ansätze immer wichtiger für das Verständnis des Jenseits. Die Integration von Wissenschaft, Philosophie, Religion und Spiritualität kann neue Einsichten und ganzheitliche Perspektiven auf das Leben nach dem Tod bringen. Durch den Dialog und die Zusammenarbeit zwischen verschiedenen Disziplinen können wir ein umfassenderes Verständnis des Jenseits entwickeln und die Grenzen unseres Wissens erweitern.

Ethik und Verantwortung in der Forschung

Bei aller Faszination für das Jenseits ist es wichtig, ethische Prinzipien und Verantwortung in der Forschung zu wahren. Fragen nach dem Schutz der Privatsphäre, der Würde des Menschen und der moralischen Verantwortung im Umgang mit sensiblen Themen wie dem Tod und dem Jenseits müssen sorgfältig berücksichtigt werden. Durch eine ethisch reflektierte Forschung können wir sicherstellen, dass unsere Bemühungen um ein tieferes Verständnis des Jenseits von Respekt und Integrität geprägt sind.

Zukunftsausblicke und offene Fragen

Die Zukunft des Jenseits bleibt offen und voller Möglichkeiten für neue Entdeckungen und Erkenntnisse. Während wir uns auf unerforschte Gebiete vorwagen und neue Technologien nutzen, um die Grenzen des Wissens zu erweitern, bleiben viele Fragen unbeantwortet und viele Geheimnisse ungelöst. Doch gerade in dieser Offenheit liegt die Spannung und die Faszination des Jenseits – ein unendliches Rätsel, das uns weiterhin inspiriert und herausfordert.

Über den Autor

Lutz Spilker wurde im Jahre 1955 in Duisburg geboren.

Bevor er zum Schreiben von Romanen und Dokumentationen fand, verließen bisher unzählige Kurzgeschichten, Kolumnen und Versdichtungen seine Feder.

In seinen Büchern befasst er sich vorrangig mit dem menschlichen Bewusstsein und der damit verbundenen Wahrnehmung. Seine Grenzen sind nicht die, welche mit der Endlichkeit des Denkens, des Handelns und des Lebens begrenzt werden, sondern jene, die der empirischen Denkform noch nicht unterliegen.

Es sind die Möglichkeiten des Machbaren, die Dinge, welche sich allein in der Vorstellung eines jeden Menschen darstellen und aufgrund der Flüchtigkeit des Geistes unbewiesen bleiben. Die Erkenntnis besitzt ihre Gültigkeit lediglich bis zur Erlangung einer neuen und die passiert zu jeder weiteren Sekunde.

Die Welt von Lutz Spilker beginnt dort, wo zu Beginn allen Seins nichts Fassbares war, als leerer Raum. Kein Vorne, kein Hinten, kein Oben und kein Unten. Kein Glaube, kein Wissen, keine Moral, keine Gesetze und keine Grenzen. Nichts.

In Lutz Spilkers Romanen passieren heimtückische Morde ebenso wie die Zauber eines Märchens. Seine Bücher sind oftmals Thriller, Krimi, Abenteuer, Science Fiction, Fantasy und selbst Love-Story in einem.

»Ich liebe die Sprache: Sie vermag zu streicheln, zu liebkosen und zu Tränen zu rühren. Doch sie kann ebenso stachelig sein, wie der Dorn einer Rose und mit nur einem Hieb zerschmettern.«

In dieser Reihe sind bisher erschienen

Die Erfindung der Langeweile
Die Erfindung des Menschen
Die Erfindung des Geldes
Die Erfindung des Teufels
Die Erfindung des Erfolgs
Die Erfindung der Sterblichkeit
Die Erfindung der Lüge
Die Erfindung der Freiheit
Die Erfindung des Todes
Die Erfindung der Welt
Die Erfindung des Inselmenschen
Die Erfindung der Zeit
Die Erfindung der Seele
Die Erfindung der Politik
Die Erfindung des Gewissens
Die Erfindung der Religion
Die Erfindung der Schuld
Die Erfindung der Gerechtigkeit
Die Erfindung des Friedens
Die Erfindung des Selbstgesprächs
Die Erfindung der Zukunft
Die Erfindung der Pornographie
Die Erfindung der Verschwendung
Die Erfindung des Erwachsenseins
Die Erfindung der Hölle
Die Erfindung der Überbevölkerung
Die Erfindung des Himmels
Die Erfindung der Monarchie
Die Erfindung der Unterhaltung
Die Erfindung der Sprache
Die Erfindung der Musik

Die Erfindung der Wiedergeburt
Die Erfindung des Zufalls
Die Erfindung der Namen
Die Erfindung des Bewusstseins
Die Erfindung des freien Willens
Die Erfindung des Wahrsagens
Die Erfindung der Körpersprache
Die Erfindung des Schlafs
Die Erfindung der Sklaverei
Die Erfindung der Angst
Die Erfindung der Vernunft
Die Erfindung des Vollmonds
Die Erfindung des Vitamin B
Die Erfindung des Make-Up
Die Erfindung des Weihnachtsfestes
Die Erfindung des Ku-Klux-Klan
Die Erfindung des Träumens
Die Erfindung der Flaschenpost
Die Erfindung der Mafia
Die Erfindung der Freimaurer
Die Erfindung der Freibeuter
Die Erfindung der Raumfahrt
Die Erfindung der Tempelritter
Die Erfindung des ADHS-Syndroms
Die Erfindung der Homöopathie
Die Erfindung der Freizeitparks

Zeitfracht Medien GmbH
Ferdinand-Jühlke-Straße 7
99095 Erfurt, Deutschland
produktsicherheit@kolibri360.de